AF410966

INSTRUCTION

DE L'INFANTERIE

—

PRÉPARATION AU SERVICE DE GUERRE

RÉUNION DES OFFICIERS

INSTRUCTION

DE L'INFANTERIE

PRÉPARATION AU SERVICE DE GUERRE

ENTRETIEN FAIT A LA RÉUNION DES OFFICIERS

Le 30 avril 1872

PAR M. F. PERCIN

CAPITAINE DU GÉNIE

PARIS

A LA RÉUNION DES OFFICIERS

RUE DE BELLECHASSE, 37

1872

INSTRUCTION

DE L'INFANTERIE

De la préparation méthodique au service de guerre des troupes et des officiers d'infanterie

Messieurs,

Je me propose d'étudier ce soir avec vous la méthode pour enseigner le service en campagne aux troupes et aux officiers d'infanterie.

Vous vous étonnerez peut-être de voir un simple officier du génie aborder devant vous un sujet étranger à ses occupations habituelles. Si je l'ai choisi de préférence à une étude technique, spéciale à l'arme du génie, c'est à cause de son importance et de son actualité.

L'armée française est sur le point de subir une transformation, radicale peut-être, en tous cas considérable, je me plais à le croire. La nécessité de tenir prêt un gros effectif mobilisable, sans augmenter les charges du budget, nous obligera à faire passer un plus grand nombre d'hommes sous les drapeaux, à les garder moins longtemps, à les former plus vite. Plusieurs militaires envisagent avec terreur cette éventualité ; ils craignent que le temps ne leur manque pour l'éducation et l'instruction de ces nombreux jeunes gens qui traverseront l'armée ; ils désespèrent de suffire à la tâche qui va leur être imposée ; ils vont jusqu'à condamner d'avance la mise en pratique des bases sur lesquelles l'Assemblée nationale veut reconstruire notre édifice militaire ou plutôt notre édifice social. Ces craintes, messieurs, je les crois chimériques : ce qu'on se refuse à croire réalisable chez nous se pratique depuis longtemps chez une nation voisine, et si nous avons pu nous figurer pendant de longues années, sur la foi des cours officiels professés dans nos écoles militaires, que l'armée prussienne n'était qu'une sorte de garde nationale commandée par des pédants, nous avons appris par une douloureuse expérience que cette armée, et en particulier son infanterie, composée de jeunes gens qui n'ont passé que deux ans et demi au corps, ne le cède en rien à nos meilleures troupes, sauf peut-être sous le rapport de la valeur personnelle.

Je me refuse à admettre, messieurs, et vous aussi sans doute, que le Français soit fatalement condamné à l'infériorité vis-à-vis de l'Allemand, que ce dernier soit naturellement plus militaire que nous. L'histoire du passé et le souvenir de nos glorieux succès démentiraient cette assertion. Il faut donc chercher ailleurs la cause de la supériorité actuelle de l'Allemand, et nous la trouvons moins dans les dispositions naturelles des individus que dans leur excellente instruction militaire. Je n'entends pas parler ici de la correction dans le maniement d'armes, de la précision dans les évolutions du champ de manœuvres, de l'habileté dans le tir, exercices dans lesquels excellent les Prussiens, mais qui n'ont qu'une importance secondaire ; je veux surtout appeler votre attention sur la connaissance approfondie du métier de soldat, que l'on trouve à tous les degrés de la hiérarchie dans l'armée allemande ; sur les qualités pratiques qu'y développe un mode particulier d'instruction ; sur la préparation à la guerre qui est désignée dans leur langue militaire par le mot *Ausübung*.

Ceux d'entre vous qui ont assisté à nos premiers entretiens se rappellent que M. le capitaine Herbinger, après nous avoir parlé des phases successives de l'instruction des tirailleurs en France, nous a dit qu'en Prusse il n'existait, jusqu'à ces derniers temps, rien d'analogue à notre théorie sur l'école des tirailleurs, que l'instruction relative à cette manière de combattre était abandonnée complétement à l'initiative individuelle des chefs de compagnie et que, malgré cette lacune dans son code de manœuvres, l'infanterie prussienne était arrivée, grâce à l'étude, à nous opposer des tirailleurs admirablement exercés à ce rôle si délicat. En quoi consiste donc cette préparation méthodique qui permet de donner au soldat comme à l'officier, en pleine paix, le coup d'œil, le sens pratique que nos voltigeurs de la grande armée avaient acquis en quinze années de combats sans cesse répétés ? Nous pourrions le trouver, messieurs, dans l'ouvrage classique de Waldersee qui, depuis 1850, sert de guide aux officiers prussiens pour cette partie de l'instruction ; je crois préférable de le chercher avec vous dans un autre ouvrage du même auteur, conçu dans le même esprit, et relatif à l'enseignement du service en campagne (1) : nous verrons ainsi une autre application de la méthode dite *Ausübung*,

(1) Die Methode zur Kriegsgemæssen Ausbildung der Infanterie und ihrer Führer in Felddienst mit besonderer Berücksichtigung der Verhæltnisse der preussischen Heeres (*Méthode pour enseigner le service en campagne aux troupes et aux officiers d'infanterie, avec application spéciale à l'instruction de l'armée prussienne*), par le comte F. G. von Valdersee ; 2e édition. Berlin 1861, E. S. Mittler und sohn.

application d'autant plus intéressante pour nous que, si nous possédons pour l'instruction des tirailleurs un mécanisme réglementaire, des procédés d'instruction qui nous sont propres, pour l'enseignement du service en campagne nous ne possédons rien ou rien de bon.

Le nom de Waldersee que je viens de prononcer, messieurs, est déjà connu de vous : c'est un des plus populaires dans l'armée allemande. Tout le monde en Prusse a entre les mains son *Guide du fantassin*, son *Leitfaden* (1), dont quelques officiers ont rapporté de captivité la 74e édition. Waldersee a beaucoup écrit sur l'instruction de l'infanterie, et avec une grande autorité, parce qu'il était non-seulement un véritable officier d'infanterie, mais encore spécialement un instructeur, ainsi que nous le fait voir sa carrière militaire.

Le comte de Waldersee est entré au service dans les dernières années du premier empire, alors que se reconstituait cette armée qui devait venger la Prusse de l'humiliation d'Iéna. Il débuta par ces campagnes, funestes pour nous, que les Allemands ont appelées la guerre de l'indépendance, et il rentra à Potsdam en 1815, décoré de la Croix de fer, pour se vouer sans relâche à cette tâche laborieuse, l'instruction d'une armée toujours renouvelée, tâche qui va nous incomber à notre tour. C'est comme lieutenant au 1er régiment de la garde à pied, vers 1820, je crois, que Waldersee conçut la première idée du *Leitfaden*, manuscrit composé d'abord par ordre de son capitaine pour l'instruction des hommes de la compagnie, puis successivement lithographié et imprimé, et de plus en plus répandu dans l'armée. Waldersee resta jusqu'en 1841 au 1er régiment de la garde à pied, où il était devenu officier supérieur en juillet 1837. Il reçut alors le commandement du bataillon d'instruction, qu'il exerça comme

____

(1) Der Leitfaden zur Instruction des Infanteristen.

major, puis comme lieutenant-colonel, et qu'il quitta en 1848 pour commander, pendant la guerre du Sleswig, le 1er régiment de grenadiers de la garde (empereur Alexandre). Colonel en 1849, commandant une brigade de landwehr en 1851, il fut l'année suivante envoyé comme plénipotentiaire près du commandement militaire de la Confédération à Francfort, et revint en 1854 à Berlin, occuper, provisoirement d'abord, puis définitivement, le poste de ministre de la guerre; il était général-major depuis 1853, et fut nommé général lieutenant en 1857. Dans le courant de 1859, le général de Waldersee fut, sur sa demande, mis en disponibilité avec pension. A partir de cette époque son nom disparaît des annuaires prussiens, sur lesquels il avait figuré pendant près de cinquante ans.

Outre le *Leitfaden* dont je viens de parler, Waldersee avait publié, étant commandant du bataillon d'instruction, un ouvrage sur le service du sous-officier d'infanterie (1) et sa méthode pour l'enseignement du combat de l'infanterie en tirailleurs (2), guide recommandé deux ans plus tard par le ministre de la guerre. Ce n'est que dix ans après, lorsqu'il fut rentré dans la retraite, qu'il trouva le loisir de faire paraître son volumineux travail sur la méthode pour enseigner le service en campagne aux troupes et aux officiers d'infanterie. La traduction de cet ouvrage vient de nous être envoyée par M. Dargnies, ingénieur des manufactures de l'Etat, ancien capitaine d'état-major de l'armée auxiliaire, attaché pendant la dernière campagne à l'état-major du général Clinchant, à l'armée de l'Est, où il a rendu les meilleurs services; il met aujourd'hui à la disposition de la Réunion des Officiers sa prodigieuse activité comme traducteur, en attendant qu'il lui

---

(1) Der Dienst des preussischen Infanterie Unterofliziers.
(2) Die Methode zur Kriegsgemæssen Ausbildung der Infanterie für das zerstreute Gefecht.

soit donné de se joindre de nouveau à nous pour soutenir à notre tour la guerre de la délivrance.

L'ouvrage de Waldersee se compose de deux parties traitant de l'instruction des soldats et de celle des chefs. C'est aussi l'ordre que je suivrai dans cet entretien.

I

En Prusse, vous le savez, un régime normal de grandes manœuvres annuelles, d'exercices de printemps ou d'automne assure l'instruction pratique, sur le terrain, des officiers appelés à manier les hommes; par d'ingénieuses combinaisons on parvient à donner à ces opérations, exécutées généralement par deux corps ou détachements agissant l'un contre l'autre, le caractère de la guerre et à en reproduire les circonstances autant que le comporte la nature de cette fiction.

C'est ce même mode que Waldersee veut employer sur un théâtre moins vaste pour l'instruction non-seulement des généraux et des officiers supérieurs, mais pour celle des militaires de tout grade jusqu'au simple soldat, et qu'il veut substituer aux errements suivis encore en Prusse vers 1861.

On a coutume, dit-il, de commencer l'enseignement du service en campagne par une théorie dans les chambres, consistant parfois en une sorte de cours didactique qui embrasse une idée générale du service en campagne, les mesures de sûreté à prendre par une troupe arrêtée ou en marche, les opérations de la petite guerre, etc. Le plus souvent, il est vrai, la théorie consiste à apprendre et à faire réciter aux hommes une sorte de catéchisme militaire, par demandes et par réponses, analogue à celui qu'on a extrait de notre bi-

bliothèque *complète* du sous-officier d'infanterie, à 3 fr. Dans
'un et l'autre cas, le soldat, et surtout le jeune soldat, ne
retire aucun profit de cette instruction théorique, qui n'éveille
chez lui aucune idée qui lui soit familière et qui s'adresse,
même en Prusse, dans le pays de l'instruction obligatoire, à
des intelligences trop peu ouvertes pour saisir clairement des
notions abstraites.

Lorsqu'arrive le moment de passer de la théorie à la pratique, soit par crainte d'une transition trop brusque, si l'on met
le jeune soldat immédiatement dans les conditions de la
guerre, soit pour éviter ce que l'on considère comme
une perte de temps, on se garde bien de conduire l'homme de
recrue en pleine campagne, mais on l'exerce dans la cour de
la caserne ou sur la place d'exercice au mécanisme du service en campagne; on place des postes, des sentinelles, on
figure des rondes, des patrouilles, des reconnaissances, etc.,
et l'on applique les leçons orales sur la manière de reconnaître,
d'interroger les gens suspects, de rendre compte, etc. Le
jeune soldat doit alors se rappeler, au moment opportun, les
mille prescriptions qu'un instructeur méticuleux mais peu
éclairé a fait entrer de force dans la tête de son élève, choisir dans son répertoire le rapport qu'il doit réciter pour rendre compte correctement. Plus tard, l'instructeur l'avertit
qu'il fait nuit, et alors, en plein midi, le conscrit est tenu de
se figurer qu'il ne voit plus clair, de prendre certaines précautions qui ne correspondent à aucune réalité et qu'il observe machinalement, sans y rien comprendre, sans chercher,
le plus souvent, à s'en rendre compte. Plus on lui apprend
de choses, plus il s'embrouille; plus son instruction semble
avancée, moins il faut compter sur la solidité des résultats
obtenus; l'homme a pris la funeste habitude de s'attacher
avant tout à des points sans importance, à de simples formalités; le jour où il sera transporté en plein champ, seul au

milieu de la nature silencieuse, livré à ses réflexions, invinciblement ses pensées se dirigeront sur l'officier ou le sergent de ronde, sur le caporal de pose, et le malheureux oubliera qu'il est là pour surveiller l'ennemi.

C'est Waldersee qui le dit, messieurs, d'après l'expérience des grandes manœuvres de campagne exécutées avec des soldats censés instruits, et je serai de son avis, car, chez nous aussi, les observations ne manquent pas. Je me souviens, pour mon compte, d'avoir vu pendant le siége de Paris les sentinelles, aux remparts, beaucoup plus préoccupées des formalités du service de place que de ce qui se passait à l'extérieur. Mais je ne veux pas m'étendre ici sur les résultats négatifs que donne le procédé d'enseignement dont je viens de vous faire la critique. Vous avez tous assez d'expérience personnelle pour être complétement fixés à cet égard.

J'arrive donc à la méthode préconisée par Waldersee. Elle repose sur les principes suivants, les mêmes qui l'ont guidé dans son étude sur l'instruction des tirailleurs :

1º On doit *faire voir* immédiatement au jeune soldat, autant que les conditions de l'état de paix le comportent, tout ce qu'on veut lui apprendre en fait de service en campagne.

2º L'instruction du service en campagne ne sera jamais donnée dans les chambres, ni dans la cour de la caserne, ni sur la place d'exercice, mais sur un terrain approprié au rôle que l'on veut faire remplir au jeune soldat.

3º Pour arriver à faire voir clairement au soldat le but de sa mission, il ne suffit pas que l'ennemi vis-à-vis duquel on prescrit une manière quelconque d'agir soit supposé présent ; il faut qu'il soit réellement représenté.

On procédera méthodiquement en apprenant d'abord à l'homme de recrue les choses les plus simples. Ainsi on le fera participer aux mesures de sûreté que prend une troupe arrêtée avant de lui faire connaître celles que nécessite la sécurité d'une troupe en marche; quant au service de patrouilles, de reconnaissances dans lequel l'homme est pour ainsi dire isolé et opère pour son compte, il constitue un degré supérieur d'instruction qui ne sera donné qu'à des hommes choisis.

Waldersee demande que, pour rompre la motonie des fastidieuses séances d'exercice, on commence à s'occuper de l'enseignement du service en campagne dès que l'homme de recrue aura un mois de présence au corps, plus tôt si la guerre menace. Le soldat y trouvera une distraction salutaire; il s'intéressera à son métier, y prendra goût. A ce moment il est encore extrêmement docile, plein de bonne volonté, d'attention et d'ardeur; plus tard, il serait à craindre que le passage des exercices ardus du champ de manœuvre aux leçons en plein champ ne fût le signal du relâchement dans le zèle et la discipline.

Le mode d'instruction dont il s'agit ne peut guère s'appliquer qu'à douze ou quinze recrues en même temps, vingt au plus : c'est le tiers des recrues que reçoit annuellement chaque compagnie. Un détachement composé d'une vingtaine de recrues et des vieux soldats nécessaires pour faire leur instruction comporte bien un officier. Aussi Waldersee attribue-t-il à chaque lieutenant ou sous-lieutenant l'instruction des hommes de sa section (*Inspektion*). La méthode à employer exige d'ailleurs plus de tact, d'intelligence et d'àpropos que Waldersee n'en attendrait de la part d'un sous-officier. Aveu précieux à recueillir de la part de gens qui n'ont pas épargné aux nôtres les sarcasmes et les moqueries.

Voyons maintenant comment le lieutenant va faire connaître à ses recrues le service des avant-postes.

Le service des avant-postes est réglé en Prusse suivant les principes généraux que vous connaissez : un cordon de sentinelles observe le côté de l'ennemi ; en arrière se trouvent des échelons de plus en plus considérables dont la mission est de donner au gros, dans toutes les occasions, le temps de se préparer au combat. Les sentinelles de la première ligne sont, en général, des *sentinelles doubles* fournies par des *grand'gardes* de trente à quarante hommes, qui s'appuient sur des *piquets* destinés à servir soit de replis, soit de soutiens, le tout relié au *gros de l'avant-poste*, qui, lui-même, dans une armée en marche, est généralement une partie du *corps d'avant-garde* (1). Le soldat, comme individu isolé, n'a besoin de connaître que le rôle de sentinelle et le service intérieur d'une grand'garde.

L'officier part donc avec une quarantaine d'hommes et un certain nombre de sous-officiers. L'un d'eux, avec quelques anciens soldats, représentera l'ennemi et a dû recevoir les instructions nécessaires. Les autres se dirigent vers un terrain reconnu d'avance par l'instructeur et propre à recevoir une grand'garde, c'est-à-dire un emplacement un peu couvert, mais en avant duquel le terrain soit facile à surveiller, ne présentant d'abris qu'à une certaine distance. C'est là que les hommes figurant l'ennemi ont été s'embusquer d'avance, c'est-à-dire avant l'arrivée du détachement à l'emplacement de la grand'garde.

Ici il serait difficile à l'instructeur de ne pas dire un mot de théorie, de ne pas parler du rôle que doit jouer la grand' garde ; mais il doit le faire en termes très-simples, comme si réellement il se trouvait dans une position analogue à celle de nos officiers de mobiles mis subitement avec des hommes neufs en présence de l'ennemi. Il leur dira, par exemple, qu'on s'attend à voir arriver l'ennemi, qu'on ne peut songer

---

(1) Voir le règlement prussien sur le service en campagne et les grandes manœuvres, traduit au 2e bureau de l'état-major général du ministre de la guerre, 1872. Dumaine, éditeur.

à conserver tout le régiment nuit et jour sous les armes, que par suite on a envoyé en avant le détachement dont ils font partie pour guetter l'arrivée de l'ennemi et en donner avis à temps; qu'eux-mêmes ne resteront pas sous les armes pendant vingt-quatre heures consécutives, mais qu'ils veilleront à tour de rôle. Cela dit, on procédera au placement des sentinelles, trois sentinelles doubles, par exemple, prises exclusivement parmi les anciens soldats, et cette opération sera faite avec les mesures de précaution ordinaires sous la protection de quelques hommes choisis également parmi les anciens soldats. La grand'garde, pendant ce temps, a formé les faisceaux ; mais, au lieu d'y laisser tout son monde, l'officier emmène avec lui les recrues, *comme spectateurs*, les fait assister au placement des sentinelles, leur fait connaître leur consigne, très-simple, assez simple pour qu'ils ne perdent pas de vue l'idée essentielle qu'elles sont placées pour assurer la sécurité du détachement auquel elles appartiennent, puis il se rend avec les élèves en un point d'où l'on puisse voir ce qui va se passer.

L'ennemi à ce moment entre en jeu; l'instructeur montre aux recrues les indices qui dénotent sa présence ; il leur fait suivre des yeux l'ennemi s'approchant avec précaution d'une des sentinelles. Les sentinelles l'ont aperçu; une d'elles fait feu ; l'autre accourt vers la grand'garde pour rendre compte. Tout le monde court aux faisceaux ; le peloton de recrues à rangs serrés, précédé de vieux soldats en tirailleurs, s'avance au secours de la sentinelle menacée ; l'ennemi est mis en fuite ; on replace les factionnaires et, quand tout est rentré dans l'ordre, on clôt la séance.

Cette petite récréation en aura plus appris aux recrues qu'une séance de théorie dans les chambres.

Vous devinez, messieurs, en quoi consisteront les leçons suivantes. On fera progressivement participer les recrues au

service actif des avant-postes, et on leur présentera successivement des situations nouvelles. Par exemple, à la deuxième
leçon, qui aura lieu sur un autre terrain, on mettra en sentinelle un vieux soldat avec une recrue qui, lorsque l'ennemi
s'avancera, sera chargée de venir rendre compte. L'officier se
rendra avec quelques élèves près des sentinelles voisines de
celle qui est attaquée et leur fera voir comment le succès
de l'attaque dirigée à côté d'elles peut les déterminer à battre
en retraite sur la grand'garde ; il se fera aider par les sous-
officiers les plus intelligents pour faire remarquer aux élèves
les circonstances les plus intéressantes. L'ennemi ne se bor-
nera pas à diriger des attaques sur les avant-postes ; il enverra ainsi des patrouilles de reconnaissance, des patrouilles
rampantes ; la grand'garde, de son côté, enverra aussi de
semblables patrouilles ; on fera circuler des patrouilles de
ronde le long du cordon de sentinelles. Les recrues se fami-
liariseront de plus en plus avec ces opérations qu'ils voient
exécuter devant eux, et auxquelles ils participeront à mesure
que leur intelligence et leur instruction le comporteront.

Le conscrit a déjà une certaine habitude du service des
avant-postes, et on ne lui a pas encore appris à arrêter, à
hêler, *à reconnaître*. C'est vrai, et il n'y a pas grand mal.
Rien n'est burlesque, vous me le concéderez, comme de voir
un soldat *reconnaître* en plein jour, avec les formalités réglementaires, un détachement de son régiment qu'il a reconnu
de loin avec les yeux, et dont il pourrait peut-être nommer
tous les hommes. On se demande quel peut-être le but de
cette cérémonie ; quant aux résultats qu'on obtient, il est
aisé de les constater. Waldersee cite des détachements sur-
pris dans de grandes manœuvres parce que des factionnaires,
au lieu de signaler l'arrivée de troupes qui, évidemment,
étaient l'ennemi, attendaient que ces troupes fussent à portée
d'être reconnues dans les formes habituelles. A Vincennes,

les mêmes factionnaires qui ne laisseraient pas leur régiment rentrer de l'exercice sans lui demander son numéro ont laissé emporter des canons par des voleurs. Voici enfin un fait qui s'est passé dans notre armée pendant la dernière campagne, et que je tiens d'un témoin oculaire :

Une batterie d'artillerie, à l'armée de la Loire, était cantonnée dans une ferme, le matériel parqué dans la grande cour. Le capitaine, préoccupé de la crainte de voir enclouer ses canons, inquiet de bruits qu'il croyait entendre et ne se fiant qu'à lui, se lève au milieu de la nuit, réveille le fermier, fait allumer une lanterne, et tous deux visitent les canons, qui étaient intacts. Étonné de n'avoir pas vu la sentinelle, le capitaine l'appelle à haute voix, et alors s'engage à peu près le dialogue suivant : « Factionnaire ! — Voici. Ah ! c'est vous, mon capitaine. — Oui. Que faisiez-vous ? Ne nous avez-vous pas vus ? — J'ai bien vu la lanterne et l'homme en blouse qui la portait. — Pourquoi n'avez-vous rien dit ? — Dame ! je ne savais pas que vous étiez avec lui ; je croyais que c'étaient des gens de la ferme. Bien sûr, si j'avais pu penser que vous étiez là et que c'était une ronde, je vous aurais demandé le mot de ralliement : on sait son service. »

Quelle conclusion tirer de ces exemples, sinon que nos pratiques irrationnelles font perdre le sens commun à des gens qui n'étaient pourtant pas absolument dépourvus d'intelligence naturelle ?

Le devoir bien entendu des sentinelles dans le jour consiste à ne rien dire, à n'entamer la conversation avec personne, à éviter tout ce qui peut les distraire de leur surveillance. Elles laissent passer les patrouilles fournies par leur grand' garde quand elles sortent ou qu'elles rentrent ; elles rendent compte quand on les interroge. Quant aux étrangers, elles ne les laissent pas approcher et les envoient sur un point de la ligne de sentinelles où se trouve un *poste d'examen*.

Si dans la journée il est puéril de recourir à des formalités plus ou moins compliquées pour *reconnaître* autrement qu'avec les yeux, la nuit il n'en est plus de même. Il y a donc un service de nuit différent du service de jour, et pour que l'homme de recrue s'en rende bien compte il est indispensable qu'il le constate dans une séance de nuit. On ne saurait donner aucun motif plausible contre cette manière d'opérer. La crainte d'altérer la santé des hommes, de nuire à la régularité du service, la difficulté d'exercer la surveillance, etc., sont de médiocres arguments. Nous avons l'habitude dans nos régiments du génie de faire de nuit certains travaux et, au milieu des niaiseries que nous pouvons constater dans notre éducation militaire, il est consolant de voir le simulacre de siége et la guerre de mines exécutés, suivan la tradition, dans des conditions pratiques qui rendent ces exercices réellement intéressants et utiles. On peut donc admettre la possibilité de faire, dans la première partie de la nuit, une séance de service d'avant-postes. Le conscrit y reconnaîtra bien vite la nécessité d'arrêter par le cri de : Halte ! qui vive ! tout individu qui s'approche d'une sentinelle, puis d'échanger avec lui certains signes de reconnaissance avant de se laisser aborder. C'est alors seulement qu'on lui en fera connaître le mécanisme.

Il devient nécessaire pendant la nuit, et parfois aussi dans le jour, de faire circuler le long de la ligne des sentinelles volantes pour parcourir le terrain que ne peuvent surveiller les sentinelles fixes. On apprendra aux hommes à faire ces rondes, non pas machinalement, mais avec le soin, l'attention et la prudence nécessaires ; à reconnaître sans tapage et sans éclat de voix les rondes qu'on peut rencontrer, les sentinelles voisines, soit qu'on les trouvee à leur poste ou faisant une ronde volante. Enfin, en présence des recrues placées en spectateurs, on figurera une sentinelle volante rencontrant une patrouille ennemie. Cette sentinelle doit faire face à l'ennemi, faire feu, examiner la conduite de l'ennemi, et, s'il continue à avancer, faire feu de nouveau en se repliant, non pas directement sur la grand'garde, où l'ennemi arriverait en même temps qu'elle, mais excentriquement. Dès qu'elle aura été ralliée par des sentinelles voisines, accourues aux coups de feu, elle ira rendre compte à la grand'garde, où, suivant toute probabilité, l'alarme aura déjà été donnée. La surprise tentée par l'ennemi sera ainsi éventée. Il est clair que pour cette séance les hommes auront dû recevoir quelques cartouches.

Une troupe en marche se garde en avant, en arrière, sur ses flancs. On a quelquefois la prétention de rendre ces mesures de précaution familières aux hommes, en prenant l'habitude de marcher toujours avec une avant-garde, même dans les rues d'une ville, même en défilant après une revue. Waldersee critique très-vivement cette manière de faire, qui n'apprend rien et semble faire consister la sécurité d'une troupe dans l'observation d'un certain ordre de marche. Que dirait-il s'il avait rencontré, comme cela nous arrive journellement à Paris des bataillons en promenade militaire précédés d'une section et suivis d'un détachement de caporaux? Quel est le sens militaire de cette disposition? On serait fort embarrassé de le dire.

Waldersee veut que l'on apprenne au soldat, dans un enseignement spécial, le rôle qu'il peut avoir à jouer dans une avant-garde, non comme unité dans un peloton d'avant-garde, ce qui ne nécessite aucune préparation particulière, mais à la *pointe d'avant-garde*, c'est-à-dire dans le petit groupe de deux ou trois hommes qui précède et éclaire le peloton de tête (1).

____

(1) L'avant-garde se compose d'une *pointe*, d'un *vortrupp*, d'une *tête d'avant-garde* (*vorhut*) et du *gros*.

L'arrière-garde peut se fractionner de la même manière.

Cette disposition n'est pas dans nos habitudes, en ce qui qui concerne l'infanterie du moins; mais on voit souvent des colonnes de cavalerie précédées et suivies de détachements de cinq cavaliers, qui sont de véritables pointes d'avant-garde et d'arrière-garde. Seulement elles paraissent, la plupart du temps, n'avoir aucune idée du rôle qu'elles sont censées jouer; nous y verrions plutôt un symbole qu'une mesure de précaution, ce qui expliquerait jusqu'à un certain point pourquoi, dans les lanciers, les deux cavaliers de tête croisaient la lance *en avant* et ceux de la queue croisaient la lance *en arrière*.

De toutes les dispositions usitées ou proposées pour les pointes d'avant-garde, Waldersee préfère celle qui consiste à confier à un soldat intelligent le soin d'examiner le terrain et de rendre compte au commandant de l'avant-garde de ce qui peut intéresser la sécurité; ce soldat est accompagné de deux hommes dont il dispose suivant les circonstances, soit pour aller fouiller un pli de terrain, soit pour surveiller une direction pendant qu'il va fouiller du côté opposé, etc.

L'instruction se fera suivant les principes déjà énoncés, sur un terrain propice, ni trop nu, ni trop couvert, en présence d'un ennemi figuré par six ou huit hommes constituant une patrouille de reconnaissance ou une embuscade, en faisant agir en présence des jeunes soldats, qui d'abord ne seront que spectateurs, des soldats anciens, instruits de ce qu'ils ont à faire. L'officier, aidé de quelques sous-officiers, se tiendra avec les recrues dans une position où il puisse leur montrer ce qui se passe; plus tard, quand les jeunes soldats seront seuls à la pointe d'avant-garde, on laissera près d'eux un sous-officier qui remplira à peu près l'office d'un moniteur.

L'intervention de l'officier ou d'un sous-officier comme moniteur sera particulièrement utile dans les cas difficiles où le jeune soldat a besoin d'une direction toute spéciale, lorsqu'il s'agit de faire fouiller un défilé par la pointe d'avant-garde, de gagner un point d'où l'on puisse envoyer un homme sur une hauteur voisine du chemin, de passer par un chemin creux, lorsqu'on aperçoit ou qu'on rencontre le détachement ennemi, etc.

Le service des flanqueurs tel que l'entend Waldersee présente la plus grande analogie avec celui de la pointe d'avant-garde. Il condamne, en effet, l'emploi de ces longues files de flanqueurs que nous voyons figurées dans la plupart des ouvrages traitant de la petite guerre. Cette disposition, réalisable tout au plus sur des champs de manœuvre plats, n'est pas pratique. Les flanqueurs obligés de marcher, dans un terrain difficile, aussi vite que la colonne principale, de surveiller le côté de l'ennemi, de s'arrêter fréquemment pour examiner le terrain et de rattraper leur distance, sont bientôt épuisés et finissent, dans les conditions que nous venons d'indiquer, par se laisser distancer par la troupe principale, qui cesse alors d'avoir ses flancs couverts.

Les longues lignes continues de flanqueurs étant inutiles en terrain plat et découvert, inapplicables dans les terrains difficiles, il vaut mieux y renoncer et recourir à l'emploi de patrouilles de flanc isolées. La seule différence qu'elles présentent avec les pointes d'avant-garde, c'est que ces patrouilles n'ont pas à gagner de terrain du côté où s'exerce leur surveillance ; elles peuvent dans certains cas rester stationnaires sur le flanc de la colonne, pour peu qu'elles aient trouvé là une position qui se prête à la surveillance du terrain dangereux. Cette circonstance se présentera particulièrement lorsque la protection des flanqueurs n'est pas nécessaire d'une manière continue, qu'elle peut n'être qu'accidentelle, ou encore lorsqu'on exécute une marche de flanc en présence de l'ennemi.

Voici d'ailleurs comment Waldersee entend régler le mécanisme de ces patrouilles de flanc, en prenant pour exemple une colonne de quelques compagnies d'infanterie. La colonne marchera sur une route, ayant en tête, comme *vortrupp*, un peloton de tirailleurs (1) qui détachera pour sa sécurité particulière une pointe d'avant-garde, et, suivant les circonstances, une ou deux patrouilles de flanc marchant à sa hauteur. Dès que l'une de ces patrouilles se sentira distancée par la marche de l'avant-garde elle fera un signal auquel on détachera une autre patrouille, puis elle se mettra en mesure de rejoindre le *vortrupp*, où elle goûtera un repos relatif. Les flancs de la colonne seront couverts par des patrouilles de flanc fournies par un second peloton de tirailleurs placé entre l'avant-garde et la colonne ; les patrouilles couvriront la colonne soit en la côtoyant, soit en se postant sur des points convenablement choisis ; lorsque la colonne les dépasse, elles se rendent à la queue de la colonne, où le peloton finit par se reformer plus ou moins vite suivant les difficultés que la nature du terrain présente aux patrouilles de flanc qui cherchent à accompagner la colonne. Un troisième peloton est chargé du service de flanqueurs dès que le second peloton de tirailleurs est épuisé par cette émission successive de patrouilles.

Il est évident qu'en opérant ainsi, en confiant à des hommes frais et constamment renouvelés le soin de couvrir les flancs de la colonne, on assure la sécurité mieux que par aucun autre procédé.

L'arrière-garde se décompose comme l'avant-garde ; elle détache une pointe d'arrière-garde et des patrouilles de flanc,

---

(1) Chaque compagnie prussienne se compose de trois pelotons, dont un de tirailleurs.

dont le service présente assez d'analogie avec celui que je viens d'exposer pour que je puisse me dispenser d'insister sur ce point.

S'il est indispensable que tout homme de troupe sache comment il doit se comporter aux avant-postes, en avant-garde ou comme flanqueur, il est moins nécessaire que tous puissent diriger une des *patrouilles rampantes (schleich-pa-trouillen)* que l'on envoie pour reconnaître les avant-postes de l'ennemi, traverser même si l'on peut le cordon de senti-nelles pour parvenir jusqu'aux grand'gardes, se rendre compte autant que possible des desseins de l'ennemi, etc. De semblables missions exigent des hommes d'élite tant par le cœur que par l'intelligence; il serait imprudent de ne pas choisir avec soin les hommes auxquels ce service peut être confié; on choisira de même parmi les soldats, jeunes ou anciens, ceux qui présentent les qualités requises, et on leur donnera une instruction spéciale comme je vais vous le faire voir.

Chaque lieutenant n'aura guère à former que cinq à six hommes par an au rôle de chef de patrouille. Avec ses élèves il formera une patrouille de trois hommes; les autres de-meureront comme spectateurs auprès de lui, pour profiter de ses observations.

Dans une patrouille rampante un seul homme, le chef, est chargé de reconnaître l'ennemi; les deux autres n'ont guère pour mission que de veiller pour la sécurité du chef, et, dans le cas où il tomberait dans une embuscade, de ve-nir rendre compte à sa place de ce qu'il a été possible de voir. A cet effet l'un de ces deux hommes suit le chef à quelque distance, tout en restant à portée de le voir dans la journée, de l'entendre pendant la nuit; le troisième suit le second de la même manière, ou, lorsque la sécurité du chef l'exige, il se place à sa hauteur sur le côté d'où le danger menace. Ainsi, par exemple, si une patrouille longe la lisière d'une forêt, le chef sera suivi d'un homme et couvert par un autre marchant dans l'épaisseur du bois.

Quel que soit le soin avec lequel on aura choisi les hommes à dresser au service de patrouilles, il faut bien leur faire connaître en quoi consistera leur mission, et aucune théorie, aucun précepte ne vaudra un exemple pratique. Voici donc comment on procédera suivant l'esprit de la méthode préconisée par Waldersee.

Contre une ligne d'avant-postes comprenant au moins trois ou quatre sentinelles doubles on dirigera une patrouille forte de trois hommes; le lieutenant accompagnera et guidera le chef, chacun des deux autres hommes sera accompagné et piloté par un sous-officier.

Pour la première leçon, on partira d'un point situé à un ou deux kilomètres de la ligne d'avant-postes à reconnaître; on s'avancera d'abord rapidement, en se masquant, évitant les endroits découverts, suivant des lisières de bois, gravissant de temps en temps des éminences d'où la vue s'étend au loin, se masquant encore, le tout sans perdre un temps précieux et sans prendre de précautions *par trop* minutieuses. En approchant de l'ennemi, on redoublera de précautions; dès que l'on sera dans le rayon d'action des sentinelles on ne pourra s'approcher qu'en rampant, pour ainsi dire, masqué par des abris naturels; on s'approchera pour reconnaître les emplacements des sentinelles, pour chercher le moyen de les tourner; ayant vu une sentinelle, on peut aussi tâcher de se rendre compte de la position des sentinelles voisines, de la direction du cordon de sentinelles; les observations faites sur le service et la force des patrouilles de ronde donneront des indices sur la force et la position de la grand'garde, etc. Toutefois il est à remarquer que ces observations, malgré leur importance, ne peuvent être faites par une *première* patrouille rencontrant l'ennemi ; il est essentiel et conforme au but de sa mission qu'elle ne s'attarde pas et qu'elle prévienne sans retard l'autorité qui l'a envoyée de l'existence d'une ligne d'avant-postes à telle distance; c'est à des patrouilles envoyées ultérieurement qu'il appartiendra de compléter ce premier renseignement, le plus important de tous. La patrouille se retirera avec précaution d'abord, puis battra en retraite franchement dès qu'elle sera hors de la portée des sentinelles qu'elle vient de reconnaître.

Cette première leçon sera suivie d'autres dans lesquelles la ligne ennemie montrera plus de vigilance, enverra aussi soit des patrouilles rampantes, soit des patrouilles de reconnaissance assez fortes pour tenter une action de vigueur contre les avant-postes; on rendra le rôle du chef de patrouille plus intéressant et plus varié en s'arrangeant de façon qu'il rencontre les avant-postes de l'ennemi au moment où on les place ou lorsqu'on les retire. Puis on fera des séances de nuit et on exigera du chef de patrouille des renseignements plus détaillés sur la position et la force probables des grand'gardes, etc.

La vigilance est la première qualité du soldat dans le service en campagne, mais pour qu'elle ait un effet utile il faut que le chef soit averti à temps de tout ce qu'a observé et remarqué le factionnaire, l'éclaireur, le flanqueur. De là résulte la nécessité d'exercer les hommes à rendre compte avec intelligence, fidélité et simplicité.

Waldersee recommande de se débarrasser du formalisme germanique, d'après lequel chaque rapport verbal est débité par l'homme comme le serait un rapport écrit, avec l'indication préalable du numéro de la grand'garde, de la patrouille, etc., d'où émane le rapport. Chez nous, en fait de formule, nous n'avons guère que le sacramentel « Rien de nouveau » que je verrais disparaître avec d'autant moins de regrets, qu'un rapport ainsi commencé est généralement trop vite terminé. Quoi qu'il en soit, dans tous les exercices dont je viens de parler, dans tous ceux qui sont relatifs au service en campagne, exercices de compagnie, de régiment, grandes manœuvres, etc., les chefs s'attacheront à obtenir des rapports verbaux nets et complets. Par des questions adressées aux hommes, ils leur feront voir les lacunes que présente leur compte rendu ; ils leur feront comprendre qu'avant de se hâter de venir signaler la présence de l'ennemi, ils auraient dû reconnaître plus exactement sa force, la direction qu'il suivait, le but probable qu'il paraissait poursuivre, et enfin, si le soldat n'a pu se rendre compte de ces circonstances, que tout au moins il doit faire connaître à son chef les indices qu'il a pu recueillir et qui, grâce à la perspicacité de l'officier, peuvent encore être d'un grand secours. En tous cas, il est toujours essentiel de bien distinguer ce qu'on a *vu* de ce que l'on *croit*, ce qui est sûr de ce qui n'est qu'une supposition.

Toujours pour habituer les hommes à s'exprimer nettement en présence d'un chef on les emploiera, le cas échéant, à porter un ordre ou un renseignement verbal ; en pareille circonstance il devrait être réglementaire de faire répéter par le commissionnaire, en présence de celui qui l'envoie, le texte de la communication dont il est chargé.

Messieurs, les procédés d'instruction que je viens de vous exposer seraient presque impossibles à appliquer, même en Prusse, où chaque capitaine est seul effectivement responsable de l'instruction de sa compagnie, si les officiers supérieurs, chefs de bataillon ou de régiment, ne s'inspiraient pas des mêmes principes lorsqu'ils s'assurent du degré d'instruction acquis par les hommes. Ce n'est donc pas par des interrogations dans les chambres ni par des exercices dans la cour du quartier, mais par des épreuves sur le terrain, et dans les conditions que vous connaissez, que les officiers supérieurs ou inspecteurs généraux devront se rendre compte, en dehors des grandes manœuvres, de l'instruction individuelle des hommes. Je dis en dehors des grandes manœuvres parce que les grandes manœuvres sont plutôt pour les chefs une occasion d'étude et de travail qu'une époque d'inspection. Mais il est certain que les conditions dans lesquelles opèrent les troupes à ce moment sont les plus favorables pour une appréciation équitable de leur aptitude au service en campagne.

Les grandes manœuvres sont utiles aux grands chefs, qui n'ont que cette occasion de commander, de manier leurs troupes. Elles ne sont pas moins profitables aux militaires de tout grade, et même aux simples soldats, mais à la condition qu'on ne les abandonnera pas à eux-mêmes, que leurs chefs immédiats, non contents d'avoir assuré dans les garnisons l'instruction élémentaire de leurs hommes, profitent de toutes les circonstances pour la perfectionner. C'est particulièrement aux sous-officiers et aux lieutenants, en contact immédiat avec les hommes dans les grand'gardes, qu'il appartient de prendre ce soin. En plaçant ou visitant les sentinelles on leur indiquera les points à surveiller ; on les mettra en garde contre la tendance de négliger ce qui se passe au loin pour ne s'occuper que de leur voisinage immédiat, comme dans les exercices élémentaires que je vous ai décrits jusqu'ici ; on leur fera connaître ce qu'il faut qu'elles sachent des autres armes pour se rendre compte des mouvements de cavalerie ou d'artillerie qu'elles auraient l'occasion d'apercevoir. Le chef de la grand'garde recevra devant ses hommes les rapports et renseignements transmis par les factionnaires; fera devant tous les questions ou observations qui font ressortir les lacunes de ces rapports. Il fera vérifier, s'il y a lieu, par quelques hommes de la grand'garde l'exactitude des renseignements fournis par les avant-postes. Après une alerte, lorsque tous les hommes qui y auront pris part seront présents, il se fera raconter ce qui s'est passé, rapprochera ces récits des rapports qu'il aura reçus de différents côtés, aura l'occasion de reconnaître des fautes qu'on aurait pu éviter, d'indiquer comment on aurait pu tirer un meilleur parti de ce qui s'est passé, en observant mieux les prescriptions réglementaires ou les règles du bon sens.

D'autres fois on tentera diverses opérations de la petite guerre qu'on n'a pas l'occasion d'exécuter dans l'instruction élémentaire, telles que les surprises, les embuscades, la guerre de partisans, etc. C'est par la pratique, plutôt que par la théorie, que l'on peut développer chez certains individus, à la fois intelligents et prudents, les qualités nécessaires pour des situations si variées, où l'imprévu joue un grand rôle.

Les officiers d'un grade plus élevé, que leur rang empêche d'être en contact immédiat avec les soldats, pourront encore, dans une certaine mesure, coopérer au perfectionnement de l'instruction. A cet effet, Waldersee recommande qu'après chaque manœuvre, le lendemain au plus tard, on organise une sorte de conférence à laquelle assistera tout individu qui a eu à rendre compte de quoi que ce soit dans le courant de l'action. Les différents rapports seront répétés dans l'ordre chronologique par ceux de qui ils émanent, sous le contrôle de ceux qui les ont reçus, et cette manière de reproduire et de rappeler les phases successives de l'action donnera lieu à des instructions et des observations utiles de la part du chef; elles lui permettront aussi parfois de modifier les conclusions de la *critique*, qui, dans les habitudes de l'armée prussienne, est faite par le chef supérieur à l'issue de chaque manœuvre.

Cette conférence d'une courte durée serait faite dans chaque compagnie par le capitaine, à l'heure de l'appel par exemple. A l'issue d'une manœuvre dirigée par le commandant d'un bataillon et exécutée par deux compagnies opérant l'une contre l'autre, on convoquerait, en présence des sous-officiers des deux compagnies et des officiers du bataillon, les hommes qui ont fait ou transmis des rapports verbaux, et en procédant comme je viens de le dire tout à l'heure, on est certain que, les observations et conseils du chef se rapportant à des situations où le soldat s'est trouvé lui-même tout récemment, ces observations se graveront mieux dans sa mémoire que des règles enseignées théoriquement.

J'essayerai, messieurs, de résumer en un mot ce que je vous ai dit ce soir de l'instruction du soldat. Il faut qu'en temps de paix, et dans leurs rapports avec le soldat, les chefs de tout grade ne perdent pas de vue qu'ils sont avant tout des instructeurs.

II

Messieurs, dans la seconde partie de cet entretien je dois traiter de l'instruction des chefs. Waldersee consacre à cette étude la plus grande partie de son ouvrage ; mais, en raison du peu de temps qui me reste, je serai obligé de me borner à de très-brèves indications ; le but que je me propose sera suffisamment atteint si je peux vous donner le désir de connaître et d'étudier en détail ce livre intéressant.

Waldersee s'occupe séparément de l'instruction des sous-officiers, des lieutenants, des capitaines et des officiers supérieurs. Il est clair en effet que, suivant que l'on s'adresse à un militaire de l'une ou de l'autre de ces catégories, les procédés d'instruction varieront en raison de l'intelligence, de l'acquis et de la situation hiérarchique de l'élève; les matières à enseigner différeront suivant que l'on aura affaire soit à un sous-officier destiné à commander une escouade ou une section, soit à un officier supérieur appelé à diriger des opérations comportant l'emploi de troupes de toutes armes. Toutefois, ce qui ne change pas c'est le principe même de la méthode : l'instruction par des exercices pratiques sur le terrain, rappelant le plus possible les conditions de la guerre.

L'instruction des chefs de tout grade a pour objet de les mettre à même de bien remplir leurs fonctions, fonctions d'instructeur en temps de paix, fonctions de chef pendant la guerre. Comme il est impossible d'être en même temps maître et élève, il est évident que les manœuvres destinées à former un lieutenant, par exemple, ne pourront être les mêmes que celles auxquelles il préside pour faire l'instruction des hommes de recrue de sa section ; de même les autres chefs de tout grade ont besoin de s'exercer par une série de manœuvres spéciales à envisager toutes les circonstances dans lesquelles ils peuvent se trouver employés à la guerre, dans leur grade ou dans un grade immédiatement supérieur. L'étude pratique sur le terrain, nécessaire aux jeunes officiers, convient aussi aux officiers déjà formés, parce que d'abord celui qui cesse de travailler cesse d'acquérir et qu'il est sur le point de perdre, puis parce qu'un jeune officier, quelles que soient son intelligence et son ardeur pour le travail, ne peut se flatter d'acquérir dès le début de sa carrière les qualités nécessaires dans les grades élevés, qualités que développe le maniement des troupes. A ce sujet, Waldersee dit un mot du *Kriegsspiel* (jeu de la guerre), fort en honneur dans les cercles militaires prussiens, jeu dans lequel un sous-lieutenant peut manier à son gré des corps d'armée tout entiers, mais qui, malgré ses règles ingénieuses, n'est, en somme, qu'un jeu et ne saurait apprendre à un capitaine à conduire sa compagnie sur un champ de bataille s'il ne l'a pas dirigée souvent sur un champ de manœuvres.

Tout en préconisant l'instruction pratique et en prévenant les jeunes officiers contre les illusions que pourrait leur causer certains succès au *Kriegsspiel* Waldersee ne prohibe pas, comme pour les hommes de troupe, tout enseignement théorique. D'ailleurs, en Prusse, personne ne devient officier sans justifier d'une instruction convenable, tant d'une manière générale qu'au point de vue militaire, et les candidats sous-lieutenants ont entre les mains des ouvrages didactiques relatifs aux différentes parties de l'art de la guerre ; mais ce que veut dire Waldersee, c'est que cette instruction théorique ne suffit pas : on n'apprend pas dans les livres à juger le terrain, on n'y acquiert pas non plus l'initiative indispensable à un chef.

J'appelle votre attention, messieurs, sur ce point, qui est peut-être le plus important de cette partie de l'entretien : c'est que Waldersee tient essentiellement et avant tout à ce que l'instruction du service en campagne faite aux sous-officiers et aux officiers, développe chez l'élève le sentiment du *commandement*, c'est-à-dire l'*initiative* dans l'exécution des ordres supérieurs, l'habitude de réfléchir et de raisonner, de prendre conseil de soi et d'exécuter avec décision ce que l'on croit être le moyen d'arriver au but indiqué. Il semblerait superflu d'insister sur cette indication tant elle paraît conforme au simple bon sens, tant il est évident que tout chef doit commander, de même que tout subordonné doit obéir. Cependant, vous le savez mieux que personne, l'ingérence perpétuelle des chefs supérieurs dans les détails des

exercices et des manœuvres, aussi bien que dans les différentes parties du service intérieur, n'est que trop réelle; elle
amoindrit le rôle des chefs intermédiaires, atrophie chez eux
le sentiment du commandement, et finit par faire disparaître
à tous les degrés l'esprit d'initiative, d'entreprise, l'énergie
morale nécessaire pour prendre une décision et en supporter
la responsabilité. Combien de fois n'avons-nous pas eu le
douloureux spectacle de voir les uns dire, dans les circonstances les plus critiques : *J'attends des ordres,* tandis qu'en
haut lieu on répliquait: *Qu'il se débrouille.*

Je n'oserais affirmer que dans l'armée prussienne les mêmes causes n'aient amené, à certaines époques, les mêmes
résultats; je suis disposé à croire, au contraire, que le sentiment exagéré de la subordination qui se manifeste chez les
Allemands par la résignation avec laquelle ils supportent
de la part de leurs officiers des brutalités qui chez nous sou-
lèveraient l'indignation générale, ce sentiment de subordination, dis-je, imprimé plus profondément chez eux que chez
nous, se prête à ce que le subalterne se laisse parfois complétement effacer par ses chefs. Ce qui me confirme dans l'opinion qu'en Prusse l'initiative du chef intermédiaire a dû parfois disparaître, comme chez nous, c'est l'insistance que met
Waldersee à établir la doctrine contraire; il n'aurait pas
combattu aussi énergiquement s'il n'avait lutté contre une
résistance très-réelle.

Quoi qu'il en soit, que l'on doive ou non attribuer à Waldersee l'honneur d'avoir le premier revendiqué en faveur de
l'officier subalterne le droit et le devoir de mettre en œuvre,
pour atteindre l'objectif qui lui est indiqué, et sans craindre
d'engager sa responsabilité, non-seulement son intelligence
et ses connaissances acquises, mais aussi la part d'autorité
qui lui est dévolue, il n'en est pas moins vrai qu'aujourd'hui
ces idées ont prévalu en Prusse, et que, tandis que nous

voyons la plupart des règlements militaires rédigés exclusivement en vue d'assurer la subordination de chacun, nous trouvons, par contre, inscrite dans le règlement prussien du 17 juin 1870 sur le service en campagne et les manœuvres d'instruction, l'obligation pour les chefs intermédiaires d'assumer aussi la responsabilité de l'initiative et du commandement.

L'article 15 du titre Ier s'exprime ainsi : « Les officiers sont particulièrement exercés et doivent être accoutumés à trouver et observer la mesure exacte entre l'individualité, résultat de l'initiative et de l'intelligence, et la dépendance qu'exige l'action commune. »

L'article 16 dit : « Il est essentiel d'accoutumer les officiers à saisir promptement et nettement les circonstances d'une situation militaire donnée, à les apprécier et à prendre un parti aussitôt leur opinion faite. »

« Mais ceci ne s'applique pas seulement aux chefs supérieurs. Les exercices seront d'autant plus profitables que les chefs inférieurs y trouveront plus d'occasions d'avoir une mission spéciale ; ces occasions se trouveront non-seulement dans le combat, mais aussi dans les mouvements qui le précèdent ou le suivent. »

Ce qui est plus caractéristique que les règlements et les préceptes écrits, ce sont les faits. Permettez-moi donc de vous rappeler que, dans les batailles de Spicheren, de Reischoffen et de Borny, qui ont eu une influence capitale sur l'issue de la campagne, l'action a été engagée, du côté des Prussiens, par des officiers placés de deux ou trois degrés au-dessous du commandant en chef, de simples commandants de division ou de brigade.

Pour que les manœuvres d'instruction servent à développer chez les officiers l'habitude de saisir une situation et de prendre une résolution, il faut que les officiers qui organisent ces manœuvres sachent se départir de certains usages qui rendent ces exercices complétement illusoires. Je veux parler de l'habitude que l'on a de préparer d'avance la manœuvre dans tous ses détails pour les troupes des deux partis, de convoquer les chefs de corps à une conférence préalable, de leur faire reconnaître le terrain, et d'exécuter ensuite les évolutions et manœuvres que le général en chef a étudiées dans son cabinet. Ces procédés, qui ont été généralement appliqués au camp de Châlons, ne peuvent former des hommes de guerre. Waldersee veut, au contraire, que dans toute manœuvre, grande ou petite, les partis en présence se trouvent vis-à-vis l'un de l'autre aussi peu renseignés en ce qui concerne la force et les intentions de l'ennemi que si l'on était dans les conditions de la guerre. Les deux chefs auront reçu des indications analogues à celles qu'auraient pu fournir des reconnaissances antérieures ; on donnera à chacun d'eux une mission en rapport avec la situation qui résulte de l'*idée générale* conçue par le chef commun ; dans l'exécution de la tâche qui leur a été assignée, ils se rencontreront, et on aura soin qu'il en soit ainsi ; alors se dérouleront, sans plan préconçu, les événements militaires qui doivent servir à leur instruction. Il pourra arriver, et il arrivera même fréquemment que les prévisions de l'officier directeur ne se réaliseront pas : par suite de retards ou de contre-temps quelconques, les deux partis ne s'aborderont ni au lieu, ni au moment, ni dans les conditions qu'avait imaginées le directeur ; dans des circonstances données, le chef d'un des deux partis prendra une décision toute différente de celle que supposait le directeur, ce qui bouleversera toute la manœuvre. Peu importe : le directeur, quoique présent, doit bien se garder d'intervenir pour ramener la manœuvre au plan qu'il avait conçu ; il n'y a qu'un seul cas où il doive suspendre la manœuvre et donner de nouvelles instructions, c'est celui où il se commettrait quelque invraisemblance ou quelque collision. Dans tout autre cas, le directeur ne perdra pas de vue que souvent une situation militaire peut être envisagée sous plusieurs aspects et comporter plusieurs solutions ; d'ailleurs, s'il y a eu une faute commise, ce que la suite de la manœuvre fera ressortir, c'est dans la *critique* qui suit la manœuvre, qu'il aura occasion de la relever et de rectifier les idées de l'officier qui l'a commise, après s'être fait expliquer par lui les motifs qui ont influé sur sa détermination.

Ajoutons encore que si la manœuvre prenait une tournure telle qu'il devint évident pour le directeur qu'elle ne présentera plus un intérêt quelconque ou une utilité suffisante pour l'instruction de ceux qui y prennent part, il devra en changer, séance tenante, les données ; mais, pour rester dans les conditions de la pratique, il le fera en transmettant à un des combattants un avis, un ordre tel que ce dernier pourrait en recevoir de son quartier général pendant une action véritable. Ces changements soudains dans l'hypothèse du combat sont aussi un des moyens de faire appel à l'initiative des officiers et de développer chez eux l'habitude de prendre promptement une décision.

Les préceptes généraux que je viens d'énoncer comportent toutefois deux exceptions. Lorsqu'il s'agira de former des élèves sous-officiers ou de jeunes sous-officiers, que Waldersee juge incapables de recevoir avec fruit une instruction théorique préalable, on s'y prendra autrement. Ils commenceront par assister comme spectateurs, sous la conduite du capitaine ou d'un officier commis à cet effet, à une manœuvre de compagnie dont on leur expliquera les différentes phases comme on le fait pour les simples soldats ; puis ils recevront dans d'autres manœuvres des emplois de leur grade, tout en restant sous le patronage d'un moniteur qui les guidera, au besoin, par ses conseils.

Dans ces manœuvres évidemment l'ennemi agira d'après un programme donné, afin que l'on puisse réaliser les circonstances que le directeur veut faire naître en vue de l'instruction des deux ou trois élèves pour lesquels la manœuvre est faite. De même, dans les premières manœuvres auxquelles participe un jeune officier, il est bon de ne pas le perdre de vue, de le faire accompagner, sinon par le directeur de la manœuvre, tout au moins par un officier délégué, qui aura pour mission non de piloter le jeune officier, de lui dicter une manière de faire, mais plutôt de veiller à ce que l'élève commande lui-même et agisse d'après sa propre inspiration au lieu de s'en remettre à l'avis d'un sous-officier disposé à se substituer à son jeune chef. Mais il est clair qu'au bout d'un an au plus le sous-lieutenant sera mis hors de page et pourra voler de ses propres ailes.

C'est à mon grand regret, messieurs, que je me vois obligé de renoncer à vous faire voir avec Waldersee comment un officier quelque peu ingénieux, chef de compagnie, de bataillon ou de régiment, peut, avec les ressources dont il dispose, pourvoir complétement à l'instruction des sous-officiers, des lieutenants et des capitaines, leur présenter une variété infinie de circonstances différentes dans le service des avant-postes, dans le service de marche et dans celui des reconnaissances, graduer suivant le grade et la valeur des élèves l'importance et la difficulté du rôle qu'il leur donnera à remplir, calmer la témérité des uns en leur tendant à propos quelques piéges dans lesquels ils tomberont, faire sentir à d'autres le danger d'une trop grande circonspection en les plaçant souvent dans des situations où un peu d'énergie et d'initiative aurait assuré un succès douteux, ce que la critique fera ressortir ; enfin comment il peut faire naître fréquemment des circonstances imprévues qui forceront l'élève à prendre une décision prompte, à faire acte d'initiative et d'intelligence. Ainsi, pour citer quelques exemples entre mille, l'instructeur pourra prescrire des dispositions qui obligeront à placer une grand'garde trop en l'air pour qu'elle se relie de la manière ordinaire avec les postes voisins, ou bien l'officier qu'il s'agit de former sera attaqué avant d'être en position; il pourra être chargé de surveiller un terrain étendu avec un faible effectif; il recevra l'ordre de se replier en masquant son mouvement à l'ennemi; dans une reconnaissance offensive, il rencontrera une reconnaissance de l'ennemi, ou encore l'ennemi marchant soit en avant, soit en retraite; étant en route pour accomplir une mission, il recevra un avis supposé qui le forcera à modifier les instructions d'après lesquelles il opérait; il sera chargé de surprendre de nuit tel poste ennemi reconnu dans la journée, opération qui peut donner lieu à une variété infinie d'incidents de toute nature, etc., etc.

. L'instruction des capitaines les plus anciens et des officiers supérieurs comportant l'emploi de troupes de différentes armes, c'est aux officiers généraux qu'il appartient de régler et d'ordonner les manœuvres à faire dans ce but, manœuvres qui sont une préparation immédiate aux grandes opérations d'automne, auxquelles prennent part des divisions ou même des corps d'armée entiers.

L'ouvrage de Waldersee n'est pas seulement intéressant au point de vue pédagogique. La discussion à laquelle il soumet les diverses prescriptions en usage de son temps dans la plus grande partie de l'armée prussienne, est de nature à mettre en saillie des points controversables, qui restent forcément inaperçus dans les textes froids et concis des ordonnances et règlements. La *Méthode pour enseigner le service en campagne* est donc un traité didactique complet et des plus intéressants. A ce titre encore, je me permets de vous en recommander la lecture.

Vous savez, messieurs, que les Allemands se sont plu à dire et à répéter que « les Français sont des lions conduits par des ânes. » Sans relever ce que cette plaisanterie germanique peut avoir de grossier et de déplacé, sachons y voir une chose, c'est que nos ennemis ne nous refusent pas le courage et une certaine valeur militaire; ils ne signalent que notre ignorance. C'est à vous, messieurs, à les battre avec leurs propres armes en substituant aux procédés barbares et surannés que nous employons encore pour l'instruction de notre armée les méthodes perfectionnées que nous offre la pédagogie allemande.

FIN

Paris. — Imp. H. Carion, 64, rue Bonaparte.

STATUTS

DE LA

RÉUNION DES OFFICIERS DE TERRE ET DE MER

Ces statuts résultent d'une révision des Statuts primitifs
faite conformément aux prescriptions de l'art. 20 de ces statuts

Constitution et but de la Réunion.

ARTICLE PREMIER. — La Réunion des Officiers de terre et de mer a pour objet d'établir un lien général entre tous les officiers français; elle résulte de l'initiative privée des officiers et a un caractère essentiellement facultatif.

Elle se propose :

1º De développer l'étude des questions militaires et d'en vulgariser l'application.

2º De produire et de publier le plus grand nombre possible de mémoires, de traductions, de notices historiques et techniques.

3º De favoriser les relations mutuelles des officiers.

4º De contribuer, en ce qui dépendra d'elle, à la création de bibliothèques et de cercles militaires dans toutes les garnisons.

5º D'établir des relations entre ces différents centres.

6º De publier un Bulletin hebdomadaire.

7º De faire et d'encourager des entretiens militaires.

8º En un mot, de favoriser le développement de l'étude et de l'activité parmi les officiers, sous toutes les formes et par tous les moyens possibles.

La Réunion des Officiers se place sous le patronage du chef de l'État et des ministres de la guerre et de la marine.

Admissions.

ART. 2. — Seront membres de la Réunion, à la charge de verser an-

nuellement la cotisation fixée à l'art. 9, et aussitôt après avoir donné
leurs noms, grades et adresses :
    1° Tous les officiers, fonctionnaires et employés assimilés, français,
des armées de terre et de mer. en activité de service.
    2° Tous les officiers en retraite qui adhéreront aux statuts.
    3° Les officiers démissionnaires présentés par deux officiers de l'arme
ou du corps duquel ils sortent.
    Aucune autre condition n'est exigée.

Droits des officiers de la Réunion.

ART. 3. — Les officiers de la Réunion reçoivent le Bulletin, jouissent des
journaux et des livres de la bibliothèque, des instruments, modèles, etc.
    Leurs mémoires sont imprimés gratuitement toutes les fois que cela
est possible, soit au Bulletin, soit ailleurs, au moyen des avantages que
la Réunion peut faire aux libraires.
    Ils prennent part aux élections du Bureau.

Présidence.

ART. 4. — La présidence d'honneur est dévolue aux chefs d'état-
major des ministres de la guerre et de la marine.

Bureau.

ART. 5. — L'expédition des affaires de la Réunion, se fait par les
soins d'un Bureau élu par l'ensemble des officiers.
    Le Bureau est responsable de tous les actes de la Réunion.
    Le Bureau se choisit un Président et fait lui-même son règlement in-
térieur.
    Il se compose d'officiers de toutes armes dans les proportions suivantes:
    Etat-Major, 3 ; Infanterie, 8 ; Cavalerie, 4; Artillerie, 4 ; Génie, 4 ; In-
tendance et service de santé. 4 ; Marine, 4 ; autres corps, 4.
    Les élections du Bureau ont lieu le 1er juin et le 1er décembre de chaque
année pour le semestre suivant.
    Les conditions d'éligibilité sont :
    Etre en activité de service et résider à Paris ou aux environs.
    Le Bureau a la faculté de s'adjoindre, pour l'aider dans ses travaux, un
nombre indéterminé d'officiers, choisis soit parmi ceux en activité de
service, soit parmi ceux en retraite, soit parmi les démissionnaires.

Bibliothèque.

ART. 6. — La bibliothèque est ouverte de 10 heures du matin à 10 heures
du soir. Elle contiendra, outre les livres, instruments, modèles,
cartes. etc., les journaux et revues obtenus par échange avec le Bulletin
ou autrement.
    Son organisation sera analogue à celle indiquée par le règlement du
1er juin 1872. sur les bibliothèques de garnison.
    Elle servira aux entretiens et lectures.
    Elle sera sous la surveillance du Bureau.

Entretiens.

Art. 7. — La Réunion fera, au moins une fois par semaine, sauf en été, des entretiens où les officiers viendront exposer leurs idées et le résultat de leurs études.

Ces entretiens présenteront de préférence un caractère technique et pratique.

Ils seront, autant que possible publiés, soit par le Bulletin, soit autrement.

Tous les officiers sont invités à assister aux entretiens et à y prendre part.

Bulletin.

Art. 8. — Le Bulletin étant surtout destiné à multiplier les relations entre les officiers, à leur servir de lien, à leur fournir des renseignements, à s'ouvrir à tous pour l'expression de toutes les idées, paraîtra au moins une fois par semaine. Il recevra tout le développement que les ressources pécuniaires permettront de lui donner.

Les officiers qui ne feront pas encore partie de la Réunion seront invités à lui envoyer leurs travaux, qui pourront aussi être insérés.

Cotisations.

Art. 9. — Les cotisations ont pour but :

1° De subvenir aux frais généraux, entretien des salles, bibliothèque, gérance, etc.

2° De couvrir les frais d'impression et de poste du Bulletin, des circulaires, etc.

Dans le cas où les recettes seraient en excédant à la fin de l'année, elles serviraient à la formation d'un fonds de réserve.

Les dons en argent qui pourraient être faits à la Réunion, passeraient au fonds de réserve.

Les cotisations sont annuelles et ouvrent les droits à partir du jour où elles sont payées.

Le prix de la cotisation est fixé à 15 francs.

La cotisation annuelle peut être rachetée au prix de 150 fr. une fois payé.

Administration.

Art. 10. — La Réunion possédant un matériel en meubles, instruments, livres, et pouvant être appelée à en avoir un plus considérable, ayant en outre la propriété du Bulletin, se choisit un gérant civil et le nombre nécessaire d'employés pour la garde et l'entretien des salles, l'expédition du journal, la comptabilité, etc.

L'administration est surveillée par le Bureau.

Le gérant de la Réunion est aux ordres du Président du Bureau, qui se rend directement responsable.

Dispositions générales.

ART. 11. — Il ne peut être introduit à la Réunion de consommations d'aucune sorte.

Tout litige est réglé par le Bureau.

Toute demande de modification aux Statuts sera soumise par le Bureau aux ministres de la guerre et de la marine, par l'intermédiaire des Présidents honoraires.

Mesures transitoires.

ART. 12. — Il y a lieu d'adopter les mesures transitoires suivantes :

Afin de ne porter aucune atteinte aux droits acquis, les officiers qui ont versé, avant le 1er juillet 1872, 10 fr. seulement, jouiront jusqu'au 31 décembre des droits susmentionnés, et ils auront alors à donner 15 fr. pour 1873.

Ceux qui ont versé des sommes supérieures à 10 fr. n'auront à donner, pour 1873, que le complément nécessaire pour parfaire 15 fr.

Le Bulletin, comme propriété littéraire et matérielle, continuera comme par le passé à appartenir exclusivement aux officiers.

Jusqu'en 1873, le renouvellement du Bureau aura lieu aux époques suivantes : 18 août. — 1er décembre.

1er juillet 1872.

Vu et approuvé :

Le Ministre de la guerre,   *Le Ministre de la marine,*
G^{al} DE CISSEY.   A^{al} POTHUAU.

738 — Paris. — Imp. H. Carion, rue Bonaparte, 64.

LISTE DES PUBLICATIONS

DE LA

RÉUNION DES OFFICIERS

MÉLANGES MILITAIRES

20. DES BIBLIOTHÈQUES MILITAIRES, de l'établissement d'un catalogue et de la tenue des principaux registres. Paris, Tanera. . . . . 25 c.

21, 22, 23, 24. L'ARTILLERIE AU SIÉGE DE STRASBOURG EN 1870. Notes recueillies par un officier de l'artillerie suisse. Traduit de l'allemand par P. Larzillière. Paris, Tanera. . 1 fr.

25, 26. L'ARTILLERIE DE CAMPAGNE des grandes puissances européennes et les Canons rayés. Traduit de l'allemand par M. Meert, capitaine d'artillerie. Paris, Tanera. . 50 c.

27. DES CANONS ET FUSILS A VAPEUR, par J. L., capitaine d'artillerie. Paris, Tanera. . . . . 25 c.

28, 29. LA CAVALERIE DE RÉSERVE sur le champ de bataille, d'après l'italien, par Foucrière, sous-lieut. au 81e rég. de ligne. Paris, Tanera. . . . . 50 c.

30. DE LA RÉPARTITION DE L'ARMÉE SUR LE TERRITOIRE. Paris, Tanera. . . . . 25 c.

31, 32. LE TÉLÉMÈTRE NOLAN, appareil destiné à mesurer les distances, avec planche. Paris, Tanera. . . . . 50 c.

33. LA BATAILLE DE SPICHEREN envisagée au point de vue stratégique. Traduit de l'allemand par Weil. Paris, Tanera. 25 c.

34. DE L'ÉQUITATION DANS LES RÉGIMENTS DE CAVALERIE EN PRUSSE, par H. de La F. Paris, Tanera . . . . 25 c.

35. L'ARMÉE PRUSSIENNE EN ALSACE PENDANT L'HIVER DERNIER, notes recueillies par C. Sandherr, lieutenant de chasseurs à pied. Paris, Tanera. . . . . 25 c.

36, 37. DE LA JUSTESSE DU TIR DES BOUCHES A FEU ET DES ARMES PORTATIVES, par M. J. Lefèvre, capitaine d'artillerie. Paris, Tanera. . . . . 50 c.

38. DES MÉTAUX EMPLOYÉS DANS LA FABRICATION DES CANONS ANGLAIS, par J. L., capitaine d'artillerie. Paris, Tanera. 25 c.

39, 40. INSTRUCTION THÉORIQUE ET PRATIQUE DE L'INFANTERIE, par E. Uffler, cap. au 93e rég. de ligne. Paris, Tanera. 50 c.

41, 42. L'EXPLOITATION DES CHEMINS DE FER FRANÇAIS PAR LES ARMÉES ALLEMANDES, d'après les documents officiels allemands, par M. Martner, capitaine d'état-major, avec carte. Paris, Tanera. 50 c.

43, 44. Idées sur l'attaque des places fortes. Conférence faite à Berlin par le général-major prince de Hohenlohe-Ingelfingen, d'après l'allemand, par A. Klipffel, capitaine du génie. Paris, Tanera. . . . . 50 c.

45, 46. De l'instruction pratique de la compagnie d'infanterie. Paris, Tanera . . . . 50 c.

47, 48, 49, 50. Considérations sur la guerre des places fortes, 1870-1871. Traduit de l'allemand par Couturier, lieutenant au 55e régiment. Paris, Tanera . . . . . . 1 fr.

51, 52. Étude sur les peines disciplinaires en campagne, par G. D., officier d'état-major. Paris, Tanera. . . . 50 c.

53, 54. Historique des remontes depuis les Romains, suivi d'un projet d'organisation d'une landwehr hippique, par L. L., sous-intendant militaire. Paris, Tanera. . . . 50 c.

55. Le Télémètre de campagne du colonel russe Stubendorf, avec planche. Paris, Tanera . . . . , 25 c.

56, 57, 58. Études sur le service des étapes, d'après les renseignements personnels recueillis pendant la guerre de 1870-71 par un officier de l'inspection générale bavaroise des étapes. Traduit de l'allemand par Couturier, lieutenant au 55e régiment. Paris, Tanera. . . . . 75 c.

ENCYCLOPÉDIE MILITAIRE

1. Les Canons géants du moyen age et des temps modernes, par R. Wille, lieutenant de l'artillerie prussienne. Traduit de l'allemand par MM. R. Colard et S. Bouché, lieutenants d'artillerie. 1 volume in-8º. Paris, Tanera. . 3 fr.

2. Les Mitrailleuses et leur emploi pendant la guerre de 1870-1871, par Hermann, comte Thürheim, capitaine bavarois. Traduit de l'allemand par E. J. Brochure in-8º. Paris, Tanera. . . . . 1 fr. 25

Sous presse :

Étude sur le réseau de chemins de fer français considéré comme moyen stratégique, par L. de Tromenec, capitaine d'artillerie. 1 vol. in-8º avec carte. Paris, Tanera.

Mémoire sur la permanence de l'armement de défense et sur l'emploi des cuirasses métalliques dans les fortifications d'Anvers, Plymouth et Portsmouth, par le baron Berge, lieutenant-colonel d'artillerie. 1 vol. in-8° avec planches. Paris, Tanera.

GUIDE pour la préparation des plans de marche et des transports de troupes par les chemins de fer, par A. Le Pippre, chef d'escadron d'état-major. 1 vol. in-8° avec planches et carte. Paris, Tanera.

ENTRETIENS MILITAIRES

L'ARMÉE PRUSSIENNE, par M. Lahaussois, sous-intendant militaire. Paris, Dumaine. . . . . 60 c.

HYGIÈNE MILITAIRE, par le docteur Jules Arnould, médecin-major de 1re classe, Paris, Dumaine. . . . . 60 c.

DES TIRAILLEURS, DE LEUR INSTRUCTION, DE LEUR EMPLOI, par M. Herbinger, cap. adjudant-major au 1er prov. Paris, Dumaine . . . . 60 c.

PRINCIPES RATIONNELS DE LA MARCHE DES IMPEDIMENTA DANS LES GRANDES ARMÉES, par M. Anatole Baratier, sous-intendant militaire. Paris, Dumaine. . . . . 1 fr.

DE L'ADMINISTRATION MILITAIRE, par M. Lewal, colonel d'état-major. Paris, Dumaine. . . . . 1 fr.

DE L'ADMINISTRATION MILITAIRE ET DU FONCTIONNEMENT DES SERVICES ADMINISTRATIFS.— Réponse à M. le colonel Lewal, par M. Anatole Baratier, sous-intendant militaire. Paris, Dumaine. . . . . 1 fr.

DE L'AÉROSTATION MILITAIRE, par M. Delambre, capitaine du génie. . . . . 75 c.

DE LA PHOTOGRAPHIE et de ses applications aux besoins de l'armée, par M. Dumas, capitaine d'état-major, chef du service photographique au ministère de la guerre. . 75 c.

INSTRUCTION DE L'INFANTERIE, préparation au service de guerre, par M. Percin, capitaine du génie. . . . . . 75 c.

DE L'EMPLOI MILITAIRE DES CHEMINS DE FER, par M. Delambre, capitaine du génie . . . . 75 c.

DE L'ENSEIGNEMENT DE LA GÉOGRAPHIE, par M. Bourboulon, chef de bataillon. . . . . 75 c.

RÈGLEMENTS ÉTRANGERS

RÈGLEMENT DU 3 AOUT 1870 SUR LES EXERCICES DE L'INFAN
TERIE DE L'ARMÉE ROYALE DE PRUSSE. Traduit de l'allemand
par J. Monlezun, lieutenant au 120e régiment d'infanterie.
1 volume in-12 avec figures et planches de musique
donnant toutes les sonneries et batteries. Paris. Tanera. 4 fr.

INSTRUCTION DU 9 JUIN 1866, CONCERNANT LE SERVICE DE
GARNISON DE L'ARMÉE PRUSSIENNE. Traduit de l'allemand par
MM. Samion et Laplanche. Brochure in-12. Paris, Berger-
Levrault. . . . . 1 fr. 25

Sous presse :

MANUEL DU SAPEUR D'INFANTERIE. Instruction pratique spéciale, traduit de l'italien. 1 volume in-12 avec cent planches. Paris, Tanera.

INSTRUCTION DE 1870 SUR LE SERVICE EN CAMPAGNE DE LA
CAVALERIE DE L'ARMÉE SUÉDOISE. Traduit du suédois par
MM. Siwers et Martin. 1 vol. in-12, avec figures dans le
texte. Paris, Tanera.

RÈGLEMENT DE 1870 SUR LES EXERCICES DE LA CAVALERIE
AUTRICHIENNE. Traduit de l'allemand par V. Zeude, chef
d'escadron de cavalerie. 1 vol. in-12. Paris, Tanera.

OUVRAGES DIVERS

ORGANISATION DE L'ARMÉE DE L'ALLEMAGNE DU NORD. Recrutement et libération. Traduit de la 12e édition de l'ouvrage sur
l'organisation de l'armée allemande, du général de Witzleben
par le commandant Le Maitre. Paris, Berger-Levrault. 2 fr.

COURS RÉDUIT DU TIR, par Borreil, capitaine au 124e de ligne.
2e édition. 1 volume in-12. Paris, Dumaine . . . . . 60 c.

MANUEL D'HYGIÈNE et de premiers secours, traduit de l'allemand
par le docteur Bürgkly. Br. in-12. Paris, Dumaine . . 60 c.

MANUEL DU SOLDAT. I. Service intérieur. II. Instruction sur
le démontage, le remontage et l'entretien de l'arme.
III. Notions sur le tir du fusil d'infanterie. IV. Transport
des troupes d'infanterie au chemin de fer. V. Notions

d'hygiène. VI. Service des places. VII. Service en campagne. 1 volume in-18 cartonné. Paris, Tanera . . . 50 c.

ETUDES SUR L'ART DE CONDUIRE LES TROUPES (2e partie), par Verdy du Vernois. Traduit de l'allemand par Masson, capitaine d'état-major. 1 vol in-12. Paris, Dumaine, et Bruxelles, Muquardt, 1872 . . . . 2 fr.

LES TRAINS SANITAIRES. Etude sur l'emploi des chemins de fer pour l'évacuation des blessés et malades en arrière des armées, par le Dr Morache. Brochure in-8º. Paris, Dumaine, 1872 . . . . 1 fr. 50 c.

CONSTRUCTION ET DESTRUCTION DES CHEMINS DE FER EN CAMPAGNE, par Wibrotte. Brochure in-8º. Paris, Dumaine, 1872.

Paris. — Imp. H. Carion, 64, rue Bonaparte.